Guillaume Marinette
Fotos David Japy
Foodstyling Christine Legerett

Blumenkohl

MAL ANDERS

Guillaume Marinette
Fotos David Japy
Foodstyling Christine Legerett

Blumenkohl
MAL ANDERS

riva

Inhaltsverzeichnis

Hummus aus Blumenkohl und Kichererbsen

ZUBEREITUNGSZEIT 5 MIN.

FÜR 6 PERSONEN

500 g Kichererbsen
300 g gekochter Blumenkohl
2 Knoblauchzehen, abgezogen
50 ml Olivenöl
Saft von 1 Zitrone
1 TL Kreuzkümmelpulver
60 g Tahin oder 30 g helle Sesamsamen und 30 ml Sesamöl
Salz und Pfeffer aus der Mühle

Zum Garnieren:
2 TL Olivenöl
½ TL Kreuzkümmelsamen
Einige Blätter Koriander

ZUBEREITUNG

- **Einige Kichererbsen zum Garnieren aufheben.**
- **Alle Zutaten mixen, bis eine homogene Mischung entstanden ist.**
- **Hummus in eine Servierschüssel füllen. Mit Olivenöl beträufeln und mit den Kreuzkümmelsamen bestreuen. Die restlichen Kichererbsen darüber verteilen, mit Koriander garnieren.**
- **Mit Brot, Pita, in Stifte geschnittenem Gemüse oder Tortillachips servieren.**

Blumenkohl-Chips

ZUBEREITUNGSZEIT 5 MIN. / GARZEIT 20 MIN.

FÜR 6 PERSONEN

1 Blumenkohl
100 ml Olivenöl
½ TL Knoblauchpulver
½ TL mildes Paprikapulver
½ TL Currypulver
Salz

ZUBEREITUNG

- Den Blumenkohl mit einem Gemüsehobel in ca. 2 mm dicke Scheiben schneiden. Die Scheiben auf einem mit Backpapier ausgelegten Backblech verteilen.
- In einer kleinen Schüssel das Öl mit den Gewürzen (außer dem Salz) mischen und mit einem Backpinsel beide Seiten der Blumenkohlscheiben bestreichen.
- 20 Minuten bei 210 °C im Ofen backen. Nach der Hälfte der Backzeit wenden.
- Wenn die Blumenkohlscheiben goldgelb sind, leicht salzen.
- Die Chips schmecken warm oder kalt.

Blumenkohl-Falafel

ZUBEREITUNGSZEIT 15 MIN. / GARZEIT 25 MIN. / EINWEICHZEIT 2 STD.

FÜR 4–5 PERSONEN

400 g rote Linsen
4 große Blumenkohlröschen (oder 1 kleiner Blumenkohl)
75 g Koriander (oder Petersilie)
1 TL Kreuzkümmelsamen
1–2 EL Linsenmehl oder Kichererbsenmehl
Pflanzenöl zum Frittieren

Für die Sauce:
1 Naturjoghurt
Saft von 1 Zitrone
2 EL fein gehackter Koriander
Salz und Pfeffer aus der Mühle

ZUBEREITUNG

- **Die Linsen mit Wasser bedeckt in eine Schüssel geben und 2 Stunden einweichen.**
- **Blumenkohl und Koriander grob hacken.**
- **Die Linsen abtropfen lassen, mit Blumenkohl, Koriander und Kreuzkümmel vermengen, bis eine gleichmäßige Konsistenz entsteht. Abschmecken.**
- **Nach und nach das Mehl untermischen. Der Teig soll weder bröckelig noch zu feucht sein. Aus dem Teig Kugeln formen und 3–5 Minuten in heißem Öl frittieren, bis sie goldbraun und knusprig sind.**
- **Für die Joghurtsauce alle Zutaten miteinander vermischen.**
- **Die Falafeln mit der Sauce servieren.**

Gebackene Blumenkohl-Nuggets

ZUBEREITUNGSZEIT 15 MIN. / GARZEIT 27 MIN. / RUHEZEIT 30 MIN.

FÜR 6 PERSONEN

1 mittelgroßer Blumenkohl
1 große Kartoffel
2 Eier
125 g geriebener Cheddar
125 g Mais (aus der Dose)
100 g Mehl
100 g Semmelbrösel
3 EL helle Sesamsamen
Pflanzenöl zum Backen

ZUBEREITUNG

- Die Blätter vom Blumenkohl entfernen. Die Kartoffel schälen und in kleine Stücke schneiden. Einen Topf 4 cm hoch mit Wasser füllen. Den ganzen Blumenkohl mit den Kartoffelstücken hineingeben und zugedeckt bei mittlerer Hitze 12 Minuten kochen. (Sie können den Blumenkohl und die Kartoffel stattdessen auch in einem geeigneten Gefäß mit 130 ml Wasser 8 Minuten in der Mikrowelle garen.) Der Blumenkohl sollte nicht zu weich sein.
- Die Blumenkohlröschen abtrennen und den Rest für ein anderes Rezept aufheben.
- Die Kartoffelstücke und die Blumenkohlröschen in einem Gefäß mit einer Gabel zerdrücken. Die Mischung soll dabei noch leicht stückig bleiben.
- Eier, Cheddar, Mais und Mehl zugeben. Alles gut vermengen. Sobald eine homogene Konsistenz erreicht ist, 30 Minuten im Kühlschrank ruhen lassen. Anschließend mit leicht angefeuchteten Händen Nuggets formen.
- Semmelbrösel und Sesamsamen mischen und die Nuggets darin wälzen.
- Die Nuggets auf ein mit Backpapier ausgelegtes Backblech legen und mit etwas Pflanzenöl beträufeln.
- 15 Minuten bei 190 °C im Ofen backen.

Knusprige Kohlkroketten

ZUBEREITUNGSZEIT 5 MIN. / GARZEIT 10 MIN. + 15 MIN.

FÜR 6 PERSONEN

½ Blumenkohl
½ Zwiebel, in dünne Scheiben geschnitten
8–10 Stängel Schnittlauch
30 g geriebener Emmentaler
30 g geriebener Parmesan
50 g Semmelbrösel
1 Ei
1 Prise Salz
50 ml Olivenöl
200 g Tomatensauce
Frische Kräuter nach Belieben

ZUBEREITUNG

- **Die Blätter vom Blumenkohl entfernen. Einen Topf 4 cm hoch mit Wasser füllen. Den Blumenkohl hineingeben und zugedeckt bei mittlerer Hitze 10 Minuten kochen. (Sie können ihn stattdessen auch in einem geeigneten Gefäß mit 130 ml Wasser 6 Minuten in der Mikrowelle garen.)**
- **Den Blumenkohl mit einer Gabel zerdrücken, die Zwiebel hinzugeben.**
- **Den Schnittlauch in feine Röllchen schneiden. Mit beiden Käsesorten, Semmelbröseln, Ei und Salz zu der Blumenkohlmischung geben.**
- **Gut vermengen, bis eine homogene Creme entsteht.**
- **Mit der Hand Kroketten formen und auf ein mit Backpapier ausgelegtes Backblech legen.**
- **Das Öl mit einem Backpinsel auf die Kroketten streichen. 15 Minuten bei 200 °C backen, bis sie eine goldgelbe Farbe angenommen haben.**
- **Die Tomatensauce in eine Schale geben. Nach Belieben Kräuter hacken und über die Sauce streuen. Mit den Kroketten servieren.**

Samosas mit Blumenkohl-Füllung

ZUBEREITUNGSZEIT 15 MIN. / GARZEIT 10 MIN. + 15 MIN.

FÜR 6 PERSONEN

1 kleiner Blumenkohl
1 Zwiebel
1 Knoblauchzehe
½ Bund Petersilie
3 Eier
8 Blätter Filoteig
1 Camembert (in der Spanschachtel)

ZUBEREITUNG

- Die Blätter vom Blumenkohl entfernen. Einen Topf 4 cm hoch mit Wasser füllen. Den Blumenkohl hineingeben und zugedeckt bei mittlerer Hitze 10 Minuten kochen. (Sie können ihn stattdessen auch in einem geeigneten Gefäß mit 130 ml Wasser 6 Minuten in der Mikrowelle garen.) Der Blumenkohl soll nicht zu weich werden.
- Zwiebel und Knoblauch schälen und klein schneiden.
- Die Blumenkohlröschen im Mixer zerkleinern.
- Die Petersilie hacken. Mit Zwiebel, Knoblauch, Blumenkohlpüree und 1 Ei mischen. Beiseitestellen.
- Die Teigblätter in etwa 6 cm breite und 20 cm lange Streifen schneiden. 1 TL Füllung auf ein Ende jedes Streifens setzen. Die Ecke diagonal falten, sodass ein kleines Dreieck entsteht. Im Dreieck weiterfalten, bis der Teigstreifen aufgebraucht ist. Enden mit Wasser bestreichen, verschließen.
- Die beiden restlichen Eier in einer Schüssel verschlagen. Anschließend die Samosas von beiden Seiten damit einpinseln. Den Camembert wie auf der Packungsanleitung angegeben einschneiden und in der Spanschachtel auf ein mit Backpapier ausgelegtes Backblech stellen. Die Samosas außen herum verteilen.
- 15 Minuten bei 200 °C im Ofen backen.

Knusperkohl

ZUBEREITUNGSZEIT 5 MIN. / GARZEIT 12 MIN. + 3 MIN.

FÜR 6 PERSONEN

1 Blumenkohl
150 ml Mandelmilch
50 g Maisstärke
1 TL Currypulver
1 TL Paprikapulver
Salz und Pfeffer aus der Mühle
100 g Semmelbrösel
Pflanzenöl zum Frittieren
1 EL Petersilie
100 ml Sojasauce
1 EL helle Sesamsamen

ZUBEREITUNG

- Die Blätter vom Blumenkohl entfernen. Einen Topf 4 cm hoch mit Wasser füllen. Den Blumenkohl hineingeben und zugedeckt bei mittlerer Hitze 12 Minuten kochen. (Sie können ihn stattdessen auch in einem geeigneten Gefäß mit 130 ml Wasser 8 Minuten in der Mikrowelle garen.) Der Blumenkohl sollte nicht zu weich werden. Die Röschen abtrennen, den Rest für ein anderes Rezept aufheben.
- Mandelmilch, Maisstärke und Gewürze in ein Gefäß geben und mischen. Abschmecken.
- Die Blumenkohlröschen in die Mischung tauchen, anschließend in den Semmelbröseln wenden.
- 2–3 Minuten im Pflanzenöl frittieren.
- Die Blumenkohlröschen mit Petersilie und die Sojasauce mit Sesamsamen bestreuen. Servieren.

Eingelegte Knoblauch-Röschen

ZUBEREITUNGSZEIT 5 MIN. / RUHEZEIT 12 STD.

FÜR 6 PERSONEN

½ Blumenkohl
2 Knoblauchzehen
3 EL Olivenöl
4 EL Sojasauce
1 TL Sesamsamen

ZUBEREITUNG

- Die Blumenkohlröschen abtrennen.
- Den Rest für ein anderes Rezept aufheben.
- Die Röschen in ein Einmachglas oder eine verschließbare Dose geben.
- Den Knoblauch abziehen und in kleine Würfel schneiden. Mit Olivenöl, Sojasauce und Sesamsamen in eine kleine Schüssel geben und verrühren. Die Mischung über den Blumenkohl gießen.
- Das Glas oder die Dose verschließen. Vorsichtig schütteln.
- Mindestens 12 Stunden kühl stellen und regelmäßig schütteln.
- Innerhalb von höchstens 4 bis 5 Tagen genießen.

Blumenkohl-Tortillas

ZUBEREITUNGSZEIT 5 MIN. / GARZEIT 12 MIN. + 15 MIN.

FÜR 6 PERSONEN

1 Blumenkohl
4 Eier
30 g Maisstärke
1 TL Currypulver
Salz und Pfeffer aus der Mühle
50 ml Pflanzenöl

Für die Sauce:
1 Naturjoghurt
Saft von 1 Zitrone
1 TL Senf
½ TL Currypulver
1 EL Olivenöl

ZUBEREITUNG

- **Die Blätter vom Blumenkohl entfernen. Einen Topf 4 cm hoch mit Wasser füllen. Den Blumenkohl hineingeben und zugedeckt bei mittlerer Hitze 12 Minuten kochen. (Sie können ihn stattdessen auch in einem geeigneten Gefäß mit 130 ml Wasser 8 Minuten in der Mikrowelle garen.)**
- **Den Blumenkohl in eine Schüssel geben und mit einer Gabel zerdrücken. Eier, Maisstärke und Curry zugeben, mit Salz und Pfeffer würzen. Gründlich vermengen.**
- **Das Öl in einer Pfanne erhitzen und 1 EL Teig hineingeben. Mit dem Löffelrücken flach drücken und von jeder Seite 3 Minuten braten.**
- **Für die Sauce alle Zutaten mischen. Mit den Tortillas servieren.**

Croque Chou mit Käse und Schinken

ZUBEREITUNGSZEIT 10 MIN. / GARZEIT 20 MIN.

FÜR 4 STÜCK

1 Blumenkohl
2 Eier
½ Bund Petersilie
1 EL Maisstärke
1 TL Kräuter der Provence (Gewürzmischung)
120 g geriebener Emmentaler
4 Scheiben Schinken

ZUBEREITUNG

- **Den Strunk des Blumenkohls entfernen, die Röschen im Mixer zerkleinern. In eine Schüssel umfüllen.**
- **Petersilie hacken und mit den Eiern, Maisstärke und der Kräutermischung in die Schüssel geben. Gründlich vermengen.**
- **Auf einem mit Backpapier ausgelegten Backblech 8 Rechtecke von der Größe einer Brotscheibe formen.**
- **10 Minuten bei 200 °C im Ofen backen.**
- **Das Blech aus dem Ofen nehmen. Auf der Hälfte der Scheiben den Käse gleichmäßig verteilen und mit Schinken belegen.**
- **Jeweils eines der übrigen Rechtecke darauflegen und noch einmal 10 Minuten bei 200 °C im Ofen backen.**
- **Warm oder lauwarm genießen.**

Blumenkohl-Kokos-Sauce

ZUBEREITUNGSZEIT 5 MIN. / GARZEIT 20 MIN.

FÜR 4 PERSONEN

1 Blumenkohl
3 Karotten
1 Knoblauchzehe
1 EL Olivenöl
2 TL Currypulver + etwas zum Garnieren
1 Prise Salz
200 ml Kokosmilch

ZUBEREITUNG

- **Die Blumenkohlröschen abtrennen.**
- **Die Karotten schälen und in Scheiben schneiden. Den Knoblauch abziehen und in dünne Scheiben schneiden.**
- **Das Olivenöl in einen Topf geben. Blumenkohl, Karotten und Knoblauch hinzugeben und einige Minuten anbraten. Das Currypulver darüberstreuen.**
- **Mit Wasser bedecken, leicht salzen.**
- **18–20 Minuten kochen, bis das Gemüse weich ist.**
- **Alles sehr fein mixen und die Kokosmilch hinzugeben. Zum Servieren mit einem Hauch Currypulver bestäuben.**

Pita mit Blumenkohl-Feta-Füllung

ZUBEREITUNGSZEIT 10 MIN. / GARZEIT 25 MIN. + 10 MIN.

FÜR 6 PERSONEN

1 kleiner Blumenkohl
3 EL Olivenöl
½ TL Currypulver
1 rote Zwiebel
3 Tomaten
150 g Feta
1 EL fein gehackte Petersilie
3 Pitabrote

Für die Sauce:
1 Naturjoghurt
Saft von 1 Zitrone
1 EL Senf

ZUBEREITUNG

- Die Blumenkohlröschen abtrennen. Einen Topf 4 cm hoch mit Wasser füllen. Den Blumenkohl hineingeben und zugedeckt bei mittlerer Hitze 10 Minuten kochen. (Sie können ihn stattdessen auch in einem geeigneten Gefäß mit 130 ml Wasser 6 Minuten in der Mikrowelle garen.)
- Den Backofen vorheizen. Die Röschen in jeweils 3 oder 4 Stücke schneiden und auf ein mit Backpapier ausgelegtes Backblech legen. Mit 2 EL Olivenöl beträufeln und mit Currypulver bestreuen.
- 15–20 Minuten bei 190 °C goldbraun backen.
- Die Zwiebel in dünne Scheiben, Tomaten und Feta in kleine Würfel schneiden. Die Blumenkohlstücke mit Tomaten, Feta und Petersilie vermengen.
- Die Pitabrote mit dem restlichen Olivenöl einpinseln und 2 Minuten im Ofen goldbraun backen. Halbieren und mit der Mischung füllen. Erneut etwa 5 Minuten in den Ofen schieben, damit das Brot schön knusprig wird.
- Alle Zutaten für die Joghurtsauce mischen.
- Die gefüllten Pita mit der Joghurtsauce, einem Salat oder Rohkost genießen.

Blumenkohl-Taboulé

ZUBEREITUNGSZEIT 10 MIN.

FÜR 6 PERSONEN

½ Gurke
1 Zwiebel
2 Tomaten
1 Blumenkohl
8 Minzblätter
Saft von 1 Zitrone
50 ml Olivenöl

ZUBEREITUNG

- **Die Gurke schälen und würfeln.**
- **Die Zwiebel schälen und in dünne Scheiben schneiden.**
- **Die Tomaten würfeln.**
- **Den Blumenkohl mit den Minzblättern mixen, bis er die Konsistenz von Grieß hat.**
- **Zitronensaft und Öl zugeben und alles gründlich vermengen.**
- **Gut gekühlt servieren.**

Blumenkohl-Pfannkuchen

ZUBEREITUNGSZEIT 5 MIN. / GARZEIT 12 MIN. + 10 MIN.

FÜR 5 STÜCK

300 g Blumenkohl
2 Eier
½ TL Currypulver
1 EL fein gehackter Koriander
Saft von ½ Zitrone
Salz und Pfeffer aus der Mühle
50 ml Pflanzenöl

ZUBEREITUNG

- **Die Blätter vom Blumenkohl entfernen. Einen Topf 4 cm hoch mit Wasser füllen. Den Blumenkohl hineingeben und zugedeckt bei mittlerer Hitze 12 Minuten kochen. (Sie können ihn stattdessen auch in einem geeigneten Gefäß mit 130 ml Wasser 8 Minuten in der Mikrowelle garen.) Den Blumenkohl mit einer Gabel zerdrücken.**
- **Die Eier in einer Schüssel verschlagen, Blumenkohl Curry, Koriander und Zitronensaft zugeben. Mit Salz und Pfeffer würzen. Gründlich vermengen.**
- **Das Öl in eine Pfanne geben und die Pfannkuchen von jeder Seite 1–2 Minuten backen.**
Guten Appetit!

Pastete à la Madame Chou

ZUBEREITUNGSZEIT 10 MIN. / GARZEIT 20 MIN. + 45 MIN.

FÜR 6 PERSONEN

300 g Blumenkohl
Salz zum Kochen
3 Eier
200 g Sahne
6–8 Stängel Schnittlauch
5–6 Stängel Petersilie
75 g zerkrümelter Roquefort
75 g geriebener Gruyère

ZUBEREITUNG

- **Die Blumenkohlröschen abtrennen und in kochendem Salzwasser ca. 20 Minuten kochen, bis sich eine Messerspitze leicht einstechen lässt. Abtropfen lassen.**
- **Die Kräuter klein hacken und mit den Eiern und der Sahne verschlagen.**
- **Roquefort, Gruyère und Blumenkohl zugeben und alles mit einer Gabel leicht zerdrücken.**
- **Die Mischung in eine beschichtete Kastenform füllen und im Ofen bei 180 °C im Wasserbad 45 Minuten garen.**
- **Abkühlen lassen, erst dann aus der Form stürzen.**
- **Vor dem Verzehr kühl stellen.**

Thai-Blumenkohl-Salat

ZUBEREITUNGSZEIT 10 MIN.

FÜR 3 PERSONEN

1 kleiner Blumenkohl
1 kleine rote Zwiebel
2 Schalotten
½ Bund Koriander
20 Minzblätter
20 Basilikumblätter
Saft von 1 Zitrone
4 EL Thaisauce
3 EL gehackte Erdnüsse
1 grüner Salat

ZUBEREITUNG

- **Die Blumenkohlröschen abtrennen und raspeln.**
- **Zwiebel und Schalotten in dünne Scheiben schneiden, die Kräuter fein hacken und alles zum geraspelten Blumenkohl geben.**
- **Zitronensaft, Thaisauce und Erdnüsse zugeben. Mischen.**
- **Die Mischung auf Salatblätter verteilen und servieren.**

Gefüllte Blumenkohl-Muffins

ZUBEREITUNGSZEIT 10 MIN. / GARZEIT 20 MIN. + 30 MIN. / GEFRIERZEIT 2 STD.

FÜR 6 MUFFINS

200 g Béchamelsauce
200 g Blumenkohl
400 g Sahne
25 g geriebener Parmesan
35 g geriebener Emmentaler
3 Eier
70 g Mehl
1 TL gemahlene Muskatnuss
Salz und Pfeffer aus der Mühle

ZUBEREITUNG

- **Die Béchamelsauce in 6 Vertiefungen einer Eiswürfelform füllen und mindestens 2 Stunden gefrieren.**
- **Die Blumenkohlröschen abtrennen und in kochendem Salzwasser ca. 20 Minuten kochen.**
- **Abtropfen lassen, dann die Blumenkohlröschen im Mixer zerkleinern.**
- **Sahne, Käse, Eier, Mehl und Muskatnuss zugeben und vermengen.**
- **Mit Salz und Pfeffer würzen.**
- **Die Mischung in einzelne Muffinförmchen oder ein 6er-Muffinblech geben, dabei jede Form nur zu drei Vierteln füllen.**
- **In die Mitte jedes Muffins einen Béchamel-Eiswürfel drücken, sodass er von Teig bedeckt ist.**
- **30 Minuten bei 180 °C im Ofen backen.**
- **Warm oder lauwarm genießen.**

Asiatisches Kohlgratin

ZUBEREITUNGSZEIT 20 MIN. / GARZEIT 15 MIN. + 25 MIN.

FÜR 4 PERSONEN

130 g Mehl
200 ml Mandelmilch
5 g Hefe (frisch oder Trockenhefe)
1 Blumenkohl

Für die Sauce:
1 TL Sojasauce
2 EL Honig
1 EL Sesamöl
2 EL Reisessig
1 gehackte Knoblauchzehe
1 EL gehackter frischer Ingwer
1 EL Maisstärke
1 EL Sesamsamen zum Garnieren

ZUBEREITUNG

- **Mehl, Mandelmilch und Hefe zu einem homogenen und klebrigen Teig verarbeiten.**
- **Die Blumenkohlröschen abtrennen und in den Teig tauchen. Den restlichen Blumenkohl für ein anderes Rezept aufheben.**
- **Den überzogenen Blumenkohl mit den Röschen nach oben in einer leicht gefetteten Auflaufform verteilen. 15 Minuten bei 200 °C backen, bis die Röschen leicht goldbraun werden.**
- **Während der Blumenkohl im Ofen ist, die Sauce zubereiten. Sojasauce, 1 TL Wasser, Honig, Sesamöl, Reisessig, Knoblauch und Ingwer in einen Topf geben und aufkochen.**
- **In einer kleinen Schüssel die Maisstärke mit 2 TL Wasser glatt rühren und zu der Sauce geben. Ständig rühren, bis die Mischung eindickt.**
- **Die Sauce mit einem Backpinsel auf die Blumenkohlröschen streichen und die Form noch einmal für 10 Minuten in den Backofen schieben.**
- **Mit Sesamsamen bestreuen und mit Reis servieren.**

Pikante Blumenkohl-Lachs-Canapés

ZUBEREITUNGSZEIT 15 MIN. / GARZEIT 8 MIN. PRO CANAPÉ

FÜR 9 CANAPÉS

25 g Maisstärke
150 g Frischkäse
1 Ei
1 EL Pesto
230 g gekochter Blumenkohl
Salz und Pfeffer aus der Mühle
50 ml Pflanzenöl
50 g Crème fraîche
3 Scheiben Räucherlachs
3 Stängel Dill

ZUBEREITUNG

- **Maisstärke, Frischkäse, Ei und Pesto im Mixer zu einer homogenen Mischung verarbeiten.**
- **Den Blumenkohl mit einem Messer zerkleinern und zu der Mischung geben. Mit Salz und Pfeffer würzen.**
- **Eine Pfanne mit Öl fetten. Den Teig mit einer kleinen Kelle in die Pfanne gießen, glatt streichen und von jeder Seite 3–4 Minuten backen.**
- **Direkt vor dem Servieren mit Crème fraîche bestreichen.**
- **Mit einer drittel Scheibe Räucherlachs belegen und mit Dill garnieren.**
- **Lauwarm oder warm genießen.**

Gratinierter Béchamelkohl

ZUBEREITUNGSZEIT 15 MIN. / GARZEIT 12 MIN. + 22 MIN.

FÜR 3–4 PERSONEN

1 Blumenkohl
50 g Butter
50 g Mehl
600 ml Milch
1 Prise gemahlene Muskatnuss
1 EL körniger Senf
Salz und Pfeffer aus der Mühle

ZUBEREITUNG

- **Die Blätter vom Blumenkohl entfernen. Einen Topf 4 cm hoch mit Wasser füllen. Den ganzen Blumenkohl hineingeben und zugedeckt bei mittlerer Hitze 12 Minuten kochen. (Sie können ihn stattdessen auch in einem geeigneten Gefäß mit 130 ml Wasser 8 Minuten in der Mikrowelle garen.)**
- **Abkühlen lassen und inzwischen die Béchamelsauce zubereiten.**
- **Die Butter in einem Topf zerlassen. Das Mehl zugeben und verrühren, ohne dass es Farbe annimmt.**
- **Sobald das Mehl eindickt, nach und nach unter Rühren die Milch zugießen, bis die Sauce gebunden ist. Muskat, Senf, Salz und Pfeffer zugeben und untermischen.**
- **Den Blumenkohl in eine gefettete Auflaufform setzen und mit der Béchamelsauce überziehen.**
- **18–22 Minuten im Backofen bei 200 °C überbacken, bis die Béchamelsauce goldgelb wird.**
- **Sofort servieren.**

Pizza Cavolfiore

ZUBEREITUNGSZEIT 15 MIN. / GARZEIT 20 MIN.

FÜR 4 PERSONEN

1 Blumenkohl
2 Eier
1 TL Oregano
Salz und Pfeffer aus der Mühle
½ rote Paprikaschote
½ grüne Paprikaschote
200 g Tomatenpüree
80 g geriebener Mozzarella
8–12 schwarze Oliven

ZUBEREITUNG

- **Den Blumenkohl im Mixer zerkleinern, dann Eier und Oregano zugeben. Salzen und pfeffern.**
- **Die Mischung gut vermengen, dann auf einem mit Backpapier ausgelegten Backblech einen runden Pizzaboden von ca. 30 cm Durchmesser formen.**
- **10 Minuten bei 210 °C im Ofen backen.**
- **Inzwischen die Paprikaschoten entkernen und in schmale Streifen schneiden.**
- **Das Blech aus dem Ofen nehmen, Tomatenpüree und Mozzarella auf dem Teig verteilen. Die Pizza mit Oliven und Paprikastreifen garnieren.**
- **Für weitere 10 Minuten bei 210 °C in den Backofen schieben.**
- **Sofort servieren.**

Kohldampf-Auflauf mit Speck

ZUBEREITUNGSZEIT 10 MIN. / GARZEIT 12 MIN. + 25 MIN.

FÜR 4–5 PERSONEN

1 Blumenkohl
150 g Speckwürfel
1 Zwiebel
1 Reblochon-Käse

ZUBEREITUNG

- **Einen Topf 4 cm hoch mit Wasser füllen. Die Blumenkohlröschen abtrennen, in den Topf geben und zugedeckt bei mittlerer Hitze 12 Minuten kochen. (Sie können sie stattdessen auch in einem geeigneten Gefäß mit 130 ml Wasser 8 Minuten in der Mikrowelle garen.) Abkühlen lassen.**
- **Inzwischen die Speckwürfel in einer Pfanne anbräunen und beiseitestellen.**
- **Zwiebel und Blumenkohlröschen in dünne Scheiben schneiden und mit den Speckwürfeln mischen.**
- **Alles in eine gefettete Auflaufform geben. Reblochon in Scheiben schneiden und den Auflauf damit belegen.**
- **25 Minuten bei 200 °C im Ofen backen. Guten Appetit!**

Herzhafter Blumenkohl-Burger

ZUBEREITUNGSZEIT 15 MIN. / GARZEIT 10 MIN. + 10 MIN.

FÜR 4 BURGER

2 kleine Blumenkohlköpfe
4 Scheiben Cheddar
4 Scheiben Emmentaler
4 dünne Hacksteaks
4 Scheiben Bacon
4 Salatblätter
2 Tomaten, in Scheiben geschnitten
Körniger Senf nach Belieben
Sesamsamen zum Garnieren

ZUBEREITUNG

- **Jeden Blumenkohl in jeweils 4 dicke Scheiben schneiden. Einen Topf 4 cm hoch mit Wasser füllen. Die Blumenkohlscheiben hineingeben und zugedeckt bei mittlerer Hitze 10 Minuten kochen. (Sie können sie stattdessen auch in einem geeigneten Gefäß mit 130 ml Wasser 6 Minuten in der Mikrowelle garen.) Etwas abkühlen lassen.**
- **Die Blumenkohlscheiben auf ein mit Backpapier ausgelegtes Backblech legen. Eine Hälfte der Scheiben mit Cheddar belegen, die andere mit Emmentaler.**
- **10 Minuten bei 180 °C im Ofen backen.**
- **Inzwischen die Hacksteaks und den Bacon nach Geschmack braten.**
- **Sobald der Käse geschmolzen ist, Salat, Tomaten, Hacksteaks und Bacon auf 4 mit einer Käsesorte überbackenen Blumenkohlscheiben schichten. Nach Belieben mit Senf bestreichen. Jeweils eine Blumenkohlscheibe mit der anderen Käsesorte als Deckel auflegen.**
- **Mit Sesamsamen bestreuen und genießen.**

Blumenkohl-Clafoutis

ZUBEREITUNGSZEIT 10 MIN. / GARZEIT 45 MIN.

FÜR 6 PERSONEN

500 g Blumenkohl
500 g Speisequark
75 g geriebener Parmesan
3 Eier
50 g Maisstärke
1 TL Thymian (getrocknet)
1 TL Kurkuma
Salz und Pfeffer aus der Mühle
200 g Tomatensauce (optional)

ZUBEREITUNG

- **Den Blumenkohl im Mixer zerkleinern, bis er die Konsistenz von Grieß hat.**
- **Den Blumenkohlgrieß in eine Schüssel geben und die übrigen Zutaten einarbeiten, bis eine homogene Mischung entstanden ist.**
- **Würzen und in eine gefettete Auflaufform umfüllen.**
- **45 Minuten bei 180 °C im Ofen backen.**
- **Dazu passt Tomatensauce.**

Blumenkohl-Pannacotta mit Kaviar

ZUBEREITUNGSZEIT 15 MIN. / GARZEIT 15 MIN. / KÜHLZEIT 12 STD.

FÜR 4 PERSONEN

½ Blumenkohl
2 Blatt Gelatine (4 g)
4 Scheiben Räucherlachs
200 g Sahne
2 EL fein gehackter Dill
1 Prise rosa Pfeffer
1 EL Lachskaviar

ZUBEREITUNG

- Den Blumenkohl in Röschen zerteilen. Einen Topf 4 cm hoch mit Wasser füllen. Die Röschen hineingeben und zugedeckt bei mittlerer Hitze 10 Minuten bissfest kochen. (Sie können sie stattdessen auch in einem geeigneten Gefäß mit 130 ml Wasser 6 Minuten in der Mikrowelle garen.)
- Die Gelatine in einer Schüssel mit kaltem Wasser einweichen.
- Den Räucherlachs entlang der Lamellen zerteilen und jedes Stück der Länge nach halbieren.
- Die Sahne in einem kleinen Topf erhitzen, aber nicht kochen.
- Den Topf vom Herd nehmen. Die Gelatine ausdrücken und unter die Sahne rühren.
- Den Blumenkohl im Standmixer mit der Sahne zu einer glatten Mischung verarbeiten. Etwas abkühlen lassen.
- Die Lachsstreifen, 1 EL Dill und eine Umdrehung Pfeffer aus der Mühle zugeben. Gut mischen.
- Auf Servierförmchen verteilen. Mit Frischhaltefolie abgedeckt 12 Stunden in den Kühlschrank stellen.
- Direkt vor dem Servieren mit Kaviar und Dill garnieren.

Cannelé-Blumen

ZUBEREITUNGSZEIT 15 MIN. / GARZEIT 10 MIN. + 25 MIN.

FÜR 6 PERSONEN

300 g Blumenkohl
15 g Butter
40 g Mehl
1 Ei + 1 Eigelb
150 ml Milch
50 g geriebener Parmesan
Salz und Pfeffer aus der Mühle
1 Prise gemahlene Muskatnuss

ZUBEREITUNG

- **Den Blumenkohl in Röschen zerteilen. Einen Topf 4 cm hoch mit Wasser füllen. Die Röschen hineingeben und zugedeckt bei mittlerer Hitze 10 Minuten kochen. (Sie können sie stattdessen auch in einem geeigneten Gefäß mit 130 ml Wasser 6 Minuten in der Mikrowelle garen.)**
- **Die Blumenkohlröschen mit einer Gabel fein zerdrücken. Etwas abkühlen lassen.**
- **Die Butter zerlassen. In einer Schüssel Mehl, Eier, Milch, drei Viertel des Parmesan, die Hälfte der Butter, Salz, Pfeffer und Muskatnuss vermengen. Gründlich verschlagen und dabei nach und nach das Blumenkohlpüree hinzugeben.**
- **Mit der übrigen Butter Förmchen für die Cannelés fetten. Mit dem restlichen Parmesan bestreuen.**
- **Die Förmchen befüllen und 15–20 Minuten bei 180 °C im Ofen backen.**
- **Weitere 5 Minuten im Ofen stehen lassen, dann aus den Förmchen nehmen.**
- **Warm oder lauwarm servieren, zum Aperitif oder mit Salat als Vorspeise.**

Großmutters Kohlkuchen

ZUBEREITUNGSZEIT 10 MIN. / GARZEIT 12 MIN. + 40 MIN.

FÜR 6 PERSONEN

1 großer Blumenkohl
40 g Butter
20 g Mehl
200 g Crème fraîche
1 Prise geriebene Muskatnuss
Salz und Pfeffer aus der Mühle
4 Eier
120 g geriebener Emmentaler

ZUBEREITUNG

- **Den Blumenkohl in Röschen zerteilen. Einen Topf 4 cm hoch mit Wasser füllen. Die Röschen hineingeben und zugedeckt bei mittlerer Hitze 12 Minuten kochen. (Sie können sie stattdessen auch in einem geeigneten Gefäß mit 130 ml Wasser 8 Minuten in der Mikrowelle garen.)**
- **Inzwischen die Butter in einem Topf zerlassen. Nach und nach das Mehl zugeben und gut mischen. Crème fraîche hinzufügen. Die Temperatur erhöhen, den Topf kurz vor dem Aufkochen vom Herd nehmen. Mit Muskatnuss, Salz und Pfeffer würzen.**
- **Die Eier schlagen und in die Mischung rühren. Die Blumenkohlröschen abtropfen und untermengen. Den Emmentaler zugeben und alles auf ein mit Backpapier ausgelegtes Bachblech streichen.**
- **40 Minuten bei 190 °C im Ofen backen.**
- **Nach Belieben können Sie dem Teig auch Schinken oder Fisch hinzufügen.**

HANDMADE
IN SHEFFIELD

Blumenkohl-Thunfisch-Torte

ZUBEREITUNGSZEIT 10 MIN. / GARZEIT 12 MIN. + 45 MIN.

FÜR 4 PERSONEN

500 g Blumenkohl
220 g Thunfisch natur (aus der Dose)
1 Knoblauchzehe
200 g Speisequark
3 Eier
1 TL Currypulver
1 TL fein gehackter Koriander

ZUBEREITUNG

- **Die Blätter vom Blumenkohl entfernen. Einen Topf 4 cm hoch mit Wasser füllen. Den ganzen Blumenkohl hineingeben und zugedeckt bei mittlerer Hitze 12 Minuten kochen. (Sie können ihn stattdessen auch in einem geeigneten Gefäß mit 130 ml Wasser 8 Minuten in der Mikrowelle garen.)**
- **Den Blumenkohl mit dem Thunfisch im Mixer zerkleinern.**
- **Den Knoblauch in dünne Scheiben schneiden. Mit Quark, Eiern, Curry und Koriander zum Blumenkohl geben. Alles gut vermengen.**
- **In eine gefettete Auflaufform füllen und 40–45 Minuten bei 210 °C im Ofen backen.**

Überraschungskuchen

ZUBEREITUNGSZEIT 10 MIN. / GARZEIT 10 MIN. + 45 MIN.

FÜR 4 PERSONEN

½ Blumenkohl
½ rote Zwiebel
150 g Mehl
1 Päckchen Backpulver
150 g geriebener Comté
1 EL Rosmarin
1 EL Sesamsamen
1 TL Currypulver
1 TL Kurkuma
3 Eier
120 ml Milch
100 ml Olivenöl

ZUBEREITUNG

- **Den Blumenkohl in Röschen zerteilen. Einen Topf 4 cm hoch mit Wasser füllen. Die Röschen hineingeben und zugedeckt bei mittlerer Hitze 10 Minuten kochen. (Sie können sie stattdessen auch in einem geeigneten Gefäß mit 130 ml Wasser 6 Minuten in der Mikrowelle garen.) Beiseitestellen.**
- **Die Zwiebel in dünne Scheiben schneiden. In einer Schüssel Mehl, Backpulver, Comté, Zwiebelscheiben, Rosmarin und Sesam mit den Gewürzen mischen. Eier, Milch und Öl nach und nach zugeben, bis eine homogene Mischung entstanden ist.**
- **Die Mischung in eine gefettete Kastenform füllen. Die Blumenkohlröschen darauf verteilen und eindrücken. Den Kuchen ca. 45 Minuten bei 180 °C backen.**
- **Abkühlen lassen, aus der Form nehmen und genießen.**

Blumenkohl-Wolken auf Toast

ZUBEREITUNGSZEIT 10 MIN. / GARZEIT 10 MIN. + 15 MIN.

FÜR 6 PERSONEN

½ Blumenkohl
12 Scheiben Bacon
6–7 Stängel Petersilie
6 Eier
6 dicke Scheiben Toastbrot

ZUBEREITUNG

- **Die Blätter vom Blumenkohl entfernen. Einen Topf 4 cm hoch mit Wasser füllen. Den Blumenkohl hineingeben und zugedeckt bei mittlerer Hitze 10 Minuten kochen. (Sie können ihn stattdessen auch in einem geeigneten Gefäß mit 130 ml Wasser 6 Minuten in der Mikrowelle garen.) Beiseitestellen.**
- **Den Bacon in einer Pfanne anbräunen. Etwas abkühlen lassen.**
- **Die Petersilie fein hacken.**
- **Die Eier trennen und die Eigelbe aufheben. Das Eiweiß zu einem festen Eischnee schlagen.**
- **Den Blumenkohl mit der Kartoffelpresse zu Püree verarbeiten und mit der Petersilie vorsichtig unter den Eischnee heben.**
- **Die Toastscheiben kreuzförmig mit 2 Scheiben Bacon belegen. Darauf jeweils eine Portion der Blumenkohlmischung platzieren. In die Mitte jeweils eine kleine Mulde drücken. Die Toasts 10 Minuten bei 180 °C im Ofen backen. Anschließend in jede Mulde ein Eigelb gleiten lassen und die Toasts weitere 4 Minuten backen.**
- **Lauwarm oder warm genießen.**

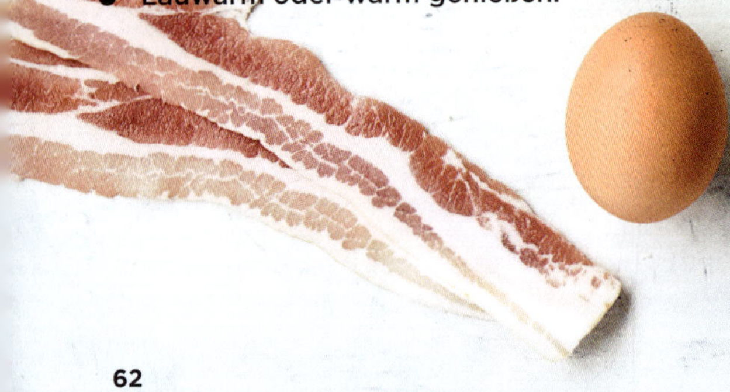

Streuselkuchen aus Penne und Blumenkohl

ZUBEREITUNGSZEIT 10 MIN. / GARZEIT 12 MIN. + 30 MIN.

FÜR 4 PERSONEN

1 Blumenkohl
300 g Penne
200 ml Béchamelsauce
70 g geriebener Comté
120 g weiche Butter
120 g Mehl

ZUBEREITUNG

- Die Oberfläche des Blumenkohls zu Streuseln raspeln, den restlichen Blumenkohl in Röschen zerteilen. Die Streusel beiseitestellen.
- Einen Topf 4 cm hoch mit Wasser füllen. Die Röschen hineingeben und zugedeckt bei mittlerer Hitze 12 Minuten kochen. (Sie können sie stattdessen auch in einem geeigneten Gefäß mit 130 ml Wasser 8 Minuten in der Mikrowelle garen.)
- Inzwischen die Penne nach Packungsanweisung kochen. Abtropfen lassen und mit der Béchamelsauce, den Blumenkohlröschen und dem Käse vermengen.
- Die Mischung in eine gefettete Auflaufform füllen.
- Mit den Fingerspitzen Butter, Mehl und Blumenkohlraspel zu einer krümeligen Paste vermengen. Die Streusel gleichmäßig auf dem Teig verteilen.
- 30 Minuten bei 180 °C im Ofen backen.
- Warm oder lauwarm genießen.

Kartoffel-Kohl-Omelette

ZUBEREITUNGSZEIT 20 MIN. / GARZEIT 20 MIN. / RUHEZEIT 10 MIN.

FÜR 6 PERSONEN

1 Zwiebel
1 dünne Stange Lauch
5 EL Olivenöl
3 mittelgroße gekochte Kartoffeln
½ Blumenkohl
7 Eier
½ Bund Petersilie
½ TL Kurkuma

ZUBEREITUNG

- **Zwiebel und Lauch in dünne Scheiben schneiden. In einer Pfanne in heißem Olivenöl anbraten.**
- **Währenddessen die Kartoffeln zu einem gleichmäßigen Püree zerdrücken.**
- **Den Blumenkohl in der Küchenmaschine zu Grieß verarbeiten und mit dem Kartoffelpüree vermischen.**
- **Die Eier verschlagen, die Petersilie hacken und Kurkuma anbräunen. Etwas Petersilie aufheben, den Rest mit der Zwiebel und dem Lauch zum Püree geben.**
- **Zu einer homogenen Mischung verarbeiten, in eine gefettete Tarteform füllen und 20 Minuten bei 180 °C im Ofen backen.**
- **10 Minuten in der Form abkühlen lassen, dann erst herausnehmen. Mit einem Messer prüfen, ob das Omelette gar ist. Beim Herausziehen sollte das Messer sauber sein.**
- **Mit der restlichen Petersilie garnieren und servieren.**

Hackfleisch-Röschen

ZUBEREITUNGSZEIT 10 MIN. / GARZEIT 10 MIN.

FÜR 4 PERSONEN

1 Zwiebel
½ Bund Petersilie
350 g Hackfleisch
1 Ei
2 EL Semmelbrösel
1 Blumenkohl
50 ml Pflanzenöl
Tomatensauce

ZUBEREITUNG

- **Zwiebel und Petersilie klein hacken. Mit Hackfleisch, Ei und Semmelbröseln in einer Schüssel vermengen.**
- **Gründlich mischen, bis eine homogene Konsistenz entsteht.**
- **Den Blumenkohl in Röschen zerteilen.**
- **Aus der Fleischmischung jeweils eine Kugel rund um ein Blumenkohlröschen formen, dabei darauf achten, dass die Stiele herausschauen.**
- **Die Bällchen von jeder Seite etwa 2 Minuten braten, bis sie schön gebräunt sind.**
- **Mit Tomatensauce servieren.**

Kohl-Cookies

ZUBEREITUNGSZEIT 10 MIN. / GARZEIT 12 MIN. + 12 MIN. / RUHEZEIT 2 STD.

FÜR ETWA 20 KEKSE

1 Blumenkohl
80 ml Olivenöl
120 g weiche Butter
70 g geriebener Parmesan
30 g Frischkäse
125 g Mehl
3 EL Mohnsamen
Salz und Pfeffer aus der Mühle

ZUBEREITUNG

- **Den Blumenkohl in Röschen zerteilen und im Mixer zerkleinern, bis er die Konsistenz von Grieß hat.**
- **Mit Olivenöl mischen und auf einem mit Backpapier ausgelegten Backblech verstreichen. Ca. 12 Minuten bei 180 °C backen, bis der Blumenkohl Farbe annimmt. Abkühlen lassen.**
- **Butter, Parmesan, Frischkäse und Mehl mit dem Blumenkohl vermengen. Mit Salz und Pfeffer würzen. Eine gleichmäßige Rolle mit 4–5 cm Durchmesser formen.**
- **In Frischhaltefolie wickeln und 2 Stunden im Kühlschrank ruhen lassen.**
- **Den Teig aus dem Kühlschrank nehmen, in den Mohnsamen wälzen und in etwa 5 mm dicke Scheiben schneiden.**
- **Auf ein mit Backpapier ausgelegtes Backblech legen und 10–12 Minuten bei 160 °C backen.**
- **Warm oder kalt genießen.**

DANKSAGUNG

Ein großer Dank geht an Emmanuel, Rose-Marie, Agathe, Fanny und das gesamte Team der Éditions Marabout für ihr Vertrauen und ihre Professionalität.
Bedanken möchte ich mich auch bei David und Christine; ich liebe es, mit euch zu arbeiten!
Ich möchte allen lieben Menschen in meinem Leben danken: Aurélie, Christelle, Camille, Camille Bulteau-Barreau (du fehlst mir!), Florence, Francis, Franck, Joris, Pascale, Sacha, Yves und dem gesamten Team Martinique 2019 – und allen anderen, die hier nicht aufgeführt werden können.

Ihr findet mich auf Apero.tv!

Bibliografische Information der Deutschen Nationalbibliothek
Die Deutsche Nationalbibliothek verzeichnet diese Publikation in der Deutschen Nationalbibliografie. Detaillierte bibliografische Daten sind im Internet über http://dnb.d-nb.de abrufbar.

Für Fragen und Anregungen
info@rivaverlag.de

1. Auflage 2019

Nymphenburger Straße 86
D-80636 München
Tel.: 089 651285-0
Fax: 089 652096

Übersetzung: Christa Trautner-Suder
Redaktion: Ulrike Reinen
Umschlaggestaltung: Manuela Amode
Umschlagabbildung: David Japy
Layout: Manon Renucci
Satz: Andreas Linnemann
Druck: Florjancic Tisk d.o.o., Slowenien
Printed in the EU

ISBN Print 978-3-7423-0849-8
ISBN E-Book (PDF) 978-3-7453-0489-3
ISBN E-Book (EPUB, Mobi) 978-3-7453-0490-9